I0402206

**This book belongs to:**

____________________________

www.ingramcontent.com/pod-product-compliance
Lightning Source LLC
Chambersburg PA
CBHW072024230526
45466CB00019B/548
* 9 7 8 1 6 9 7 4 6 2 1 6 6 *